구멍

심지시선 011

구멍

2010년 12월 27일 초판 1쇄 발행

지은이 김성주
펴낸이 윤영진
편 집 함순례
디자인 한천규 이경훈
펴낸곳 도서출판 심지
등록 제 253호
주소 300 -812 대전광역시 동구 삼성동 125-2 4층
전화 042 635 9942
팩스 042 635 9941
전자우편 simji42@hanmail.net

ISBN 978-89-91109-89-6 03810

* 이 책은 제주도문화예술진흥기금의 일부 보조로 발간되었습니다.

심지시선 011

구멍

김성주 시집

심지

□ 시인의 말

구멍으로 들어 온 바람이
오장육부를 휘젓고 나온다.
따지고 보면
나의 들숨은
누군가의 날숨인 것을…….

2010년 겨울
김성주

차례

제2부 세상이 지들 것인 줄 아나

제3부 닭곰탕 한 그릇 먹고 싶네

제4부 새벽종소리를 듣다

제5부 산꿩 울음

제1부
달무리

밤낚시

당신은 누구
한낮의 태양인 줄로만 알았더니
붉게 달아오른 알몸으로 나를 향해 손짓하는
당신은 누구
터질 것 같은 심장으로 당신께 달려가면
이내가 되어버리는
당신은 누구
별빛에 눈이 찔려 바위 우에 누우면
밀밀한 파도로 다가와 귓불을 말갛게 달구는
당신은 누구
내 정념의 빨간 불빛으로 다가와
덥석,
한입에 나를 삼켜 줄
당신은 누구

별빛 편지

— 빨간 등대에 기대어

그립다
쓰다 말고
바다로 간다
벼랑길 따라 오르락내리락
숨이 멎은 곳
신기루처럼 동화 속 소인국의 거대한 항구가 있다
배 한 척 없는 쬐그만 고내포구란 말 거짓이다
빨간 우체통이 있다
빨간 초 한 자루가 있다
빨간 불빛이 깜빡이고 있다
빨간 피뢰침 같은 펜 한 자루도 있다
모눈의 편지지가 태양전지처럼 펼쳐져 있다
누가 지독한 그리움으로 편지를 쓰는가
둘러봐도
아무도 아무것도 없어 몸서리치다
오, 저것!
물새 한 마리 날아와 편지지 앞에 앉는다
손전등을 끄고 길 건너 펜션 불빛에 기대어 숨죽여 바라

본다

하늘 한 번 모눈 한 번

그렇게, 모눈 하나에 별 하나 콕콕 새겨 넣고 있다

때론 해풍도 담아가며 써내려가고 있다

그리움도 저리 맑게 발효되는가!

어쩌면 오늘밤엔 편지를 쓸 것 같다

한담리 바닷가에서 범종소리를 듣다

가우웅

한담리 바닷가
물마루를 건너온 범종소리가 내 귓바퀴에서 부서진다
철썩 사르르
안쓰러워, 파문들을 손바닥 위에 올려놓고 본다
아무 소리도 없다
아무 빛깔도 없다
무시로 쳐다본 허공 같다
아니다, 짭짤하고 축축한 눈물이다
임이 있어도 그만, 없어도 그만이던 시절은 가고
첫눈 내리던 날
머리 깎고, 눈 코 귀를 막으며
산사에 들어온 지 20년
임을 부르며 범종을 친다

가우웅

상처를 안고 몰려드는 물고기들을 어루만지며
부르튼 천수千手로 물마루 짚고 넘어
철썩 사르르
무성無聲 무색無色이 되어 찾아온 임의 노래
짭짤하고 축축한 그, 눈물 속에서
범종이 운다

가우웅

화공이 자꾸 넘어지며

7월의 늦은 밤,
당신의 창가에 낚싯줄을 드리운다
잠 못 이루는 사연들을 바구니 가득 담아 올린
달이 서쪽 바다로 가고 있다
이제 가슴 깊이 파인 저 벼루와
그 옆에 놓인 몽당 먹에 대해서 말할 수 있겠다
화공은 떠났고 연적의 샘은 이미 말랐다
벼루와 먹이 몸을 부빌 일도 없다
몸에 상처를 키울 일도 없다
여명 앞의 짧은 밤에 사랑한다는 것은
서로의 몸을 부비며 상처를 키우는 일임을 말할 수 있겠다
상처의 깊이가 흑암에 이르던 일이며, 그때
꽃이 피고 새소리 들려와 화공이 붓을 들던 일이며
해안가 초록빛 작은 슬레이트 지붕 아래로
비틀거리며 들어오는 화공의 등에
골목 가로등 불빛이 붓을 놀리던 일들을
이제는 말할 수 있겠다
사랑의 언저리에다 삶의 발을 치던 가난과

부비며 부스러지며 몸 안으로 스미던
싱그러운 숨소리에 대하여
목말랐고 온몸이 타들어 갔고
웅크렸고 소름 돋았고
미친 듯 부비며 부서지고
뼈가 내비치던 사랑의 목숨에 대해서도
혹은, 몸 안에 내리던 빗소리며
고이고 고여 몸 밖으로 흘러넘치던 눈물과
전신을 떨며 울던 사랑의 흐느낌에 대해서도
말해야겠다,
그 밤에 화공이 자꾸 넘어지며
어떻게 걸어서 당신의 아파트를 찾았는지
왜 초인종을 눌러보지도 않고 떠났는지를 말해야겠다
곧 해가 뜰 것이고
벽에 걸린 蘭, 蓮, 竹, 梅가
잊혀진 벼루와 먹이 한때 몸을 부비며 부서지며
사랑했던 흔적으로 남아 있음을 이제 말해야겠다

화엄의 그늘

대웅전 계단을 내려온 두 여인이 화엄의 벚꽃 길을 걸어간다 마주보는 눈길마다 미소가 번진다 첫사랑에 달뜬 연인 같다

어린 핏덩이도 울부짖던 어미도 참 많이 부딪히며 흘러온 이십여 년 두 줄기 세월이 나란히 화엄 속을 거닐고 있다

이레 전에 처음 만나 오늘 저녁 이별을 앞둔 모녀가 그 이레 동안 한잠 없이 꽃잎을 흩뿌리는 왕벚나무의 가쁜 숨소리를 꾹 꾹 밟으며 사뭇 가벼운 숨결만을 내쉬고 있다

눈보라 매섭던 두 달 전 상처투성이의 벚나무들이 안간힘으로 버티고 서 있던 저 길을 모녀가 손잡고 걸어간다 밑둥치에 눌러 붙은

피고름 뭉치를 애써 외면하며 어미가 딸에게 딸이 어미에게 꽃잎 흩뿌려주며, 웃어주며

응

휘영청 밝은 달 아래
발가벗은 우리를 보았니?
헤어지기 전날 밤
우린 바위에 앉아
숨소리만으로 서로에게 물었지
잊지 않는 거지?
보름달 아래
흐르는 맑은 물결
아래 보름달

달무리

어머니 없다
동그란 금빛 도넛에
두 눈 박힌다

팔월 열하루
제삿날 밤
문틈으로 들어온
파도소리
흔들리는 촛불
예처럼
오늘도
하늘만 본다

두고두고 먹으라시며
달무리 한줌
구름밭에 파종하고
꾹, 참았던 눈물
뚝뚝 뿌리시며

돌아서는 어머니

버선 한 짝을 본다

새콤한 맛

석류가 알알이 햇살에 끌려 나오는 오후
빛바랜 앨범을 한 장 한 장 넘겨보네
나 오늘
낡은 사진 속을 빠져나와
석류 몇 알
살짝 깨물어보네
새콤함에 몸서리치네

그 해 초여름
석류나무 뒤에 숨어 돌담 구멍으로
새로 이사 온 이웃집 빨간 여자를 보았네
불덩이 눈 속을 파고들어
온몸 활활 태워버렸네
붉은 반점으로 열독이 폭발하던 날
고마워라 그 여자
환한 웃음으로 다가와
나를 꽃이라 했네
오뚝한 콧날의 감촉 속으로

살포시 맞댄 입술 사이로
응큼 슬쩍
그녀를 빨아들였네

세월은 가고
세월은 오고
내 안에선 따끔 따끔
빨간 꽃이
피고 지고 피고 지고

빛바랜 앨범을 보네
껍질을 깨고 나오는 석류 방울방울

진창 취해서 세상 보기

이 도시를 설계한 하늘의 눈이
도면圖面 위 경계에서 허물어지고 있다
하루를 지우는 어스름
길들은 술상에 오른 낙지처럼 꿈틀거리고 있다

언제 한번
뜻대로 된 적 있었던가

진창 취하고 싶다
하늘이 바다를
바다가 하늘을
마신다
지운다

술도 안주도 바닥났다
모처럼 훌훌 벗어던진 몸뚱어리
막힘이 없다

애당초
시방삼세十方三世란 없었나보다

바람꽃 앞에서

취하고 싶다
흠뻑 취한 알몸으로 들판을 거닐다
아지랑이로 피어올라
봄기운에 녹아들고 싶다

숲 속 잔설로 남아 있는 바람꽃 모아
즙을 내야겠다
천리향으로 피어난 기막힌 사연
꾸역꾸역 토해내며
반동으로 차오르는 것들
굳어버린 머리통을 아프게 삽질하며
파 내려간 우물에서
솟구쳐 오르는 것들

술을 빚어야겠다

햇살이 벌판 위로 가랑이 벌려오면
숨 한번 크게 쉬고

단숨에 한 동이 마셔야겠다

물방울 놀이

진공에 누워 눈감고 동화를 읽는다
가을비 하얀 목화밭 위로 지나간다
무당벌레 한 마리 풀잎이슬을 만지작거린다
내가 읽는 동화 속 주인공은 언제나 나다
동화 속 아이가 물방울 놀이를 한다
흰 바탕 위를 구른다
검은 바탕 위를 구른다
깨르르 구른다 주룩주룩 구른다 또르르 구른다 투득투득 구른다
빨강 파랑 노랑 바탕 위를 구르기도 한다
그러나 물방울은 언제나 풀잎이슬이다
물방울이 바탕색에 물들기 전에 책을 덮기 때문이다
풀잎이슬이 사라지면 헤어날 수 없는 허방이 나를 삼킬 것이다
이 동화는 그분의 작품이다
부처라고도 하고 하나님이라고도 하지만
아무튼 그분이
나를 위해 쓰신 것은 분명하다

제2부
세상이 지들 것인 줄 아나

측량

숫자로만 불리는 304호
하루 종일 닫혀 있던 철제문이 열린다
한때 내 삶의 유일한 무기였던
측량기를 메고 아들놈이 들어선다
거실 벽에 비스듬히 세워진 시준망이
멀뚱한 눈으로 나를 쳐다본다
시준망 안으로 들어온 붉은 깃발들을 들여다보며
세상을 다 측량하고 싶었던 때가 있었다
내 가슴 어디쯤에 박혀 있었을 수많은 깃발들
아버지의 휘파람소리 보리밭 위를 나르던 종달새
아, 어머니의 눈시울조차

숫자로만 불리는 304호
묵정밭 같은 내 시간 위에 꽂힌
붉은 깃발들이 측량되기 시작한다

애월涯月이 코카콜라를

산고를 치른 바다가 비누로 빨래를 합니다 비룡을 꿈꾸며 정충을 쏟아 붓던 달도 많이 야위었습니다 산고를 치를 때마다 긁어댄 손톱자국 선연한 바람벽 위로 구불텅구불텅 걷는 길, 애월의 올레입니다 포구에는 나이보다 늙어버린 배들이 서로를 토닥거리고 있습니다 수평선, 날선 금줄에 다리가 잘린 목선이 신음을 삼키며 모래톱에 누워 있습니다 메꽃이 상처를 만지며 흔들립니다 망사리 둘러멘 해녀의 맨발 경운기 위에서 아무렇게나 나뒹구는 수박덩이 브로콜리를 갈아엎은 쟁기 허기져 눈알 튀어나온 집어등… 이 못난이들이 마당에 둘러앉아 감자를 찌고 탱자나무 가시로 보말을 까먹는 애월네 식구들입니다

그러나 이 이야기는 잠시 멈춰야 할 것 같습니다 몰래 파도를 타고 온 코카콜라 캔이 문제를 일으켰기 때문입니다 호텔 리조트 콘도 펜션 레스토랑 카페… 깃발의 영역을 넓히려는 서부의 총잡이들이 무차별 난사를 하며 몰려오고 있습니다 낮빛 파래진 애월의 업구렁이가 놀래어 잠깬 도대에 올라 발꿈치 들고 달을 부릅니다 발목 그 푸른 심줄

을 쓰다듬는 젖은 손이 있습니다

어디로 갔을까

하늘에 은하수가 사라졌다
사막을 걸어가는 낙타의 눈처럼 별이 목마르다

장대 끝에 꿈을 매달아 별을 따본다
밤톨 없는 밤송이뿐이다

방선문訪仙門 계곡에 신선들이 사라졌다
잘 익은 머루주 향 같은 노래
휘파람새의 휘파람소리 들려오지 않는다

어디로 갔을까

별은 시들었는데
위성은 반짝인다
새소리는 들리지 않는데
장사꾼의 노랫소리 계곡을 울린다

어디로 갔을까

시들지 않는 조화의 당당한 기세에 짓눌려
쓰레기통 속으로 버려진 화병의 꽃들과
숨죽여 있을까

그럴 리는 없는데
그럴 리는 없는데
혹, 북망산천을 떠도는 건 아닐까

어디로 갔을까

고양이 울음소리

누런 보리밭 헤집으며 꿩알 줍던
내 고향에도 아스팔트길 뚫렸다
마을 어른들 돼지 두 마리나 잡고
덩실덩실 춤추던 날이다

20년 만이다
안개비 내리는 일요일
성묘하러 고향 길 간다
모텔과 가든이 마주하는
4차선 중앙분리대 아래
찢긴 외투 널브러져 있다
야—옹 야—옹
외투 속을 빠져나온
우리 집 헛간 주인 얼룩고양이의
야아오오옹
꽁무니에 매단 채
옛 집터를 지나
씽씽 산으로 달린다

상여 느릿느릿 오르던 길이다

바로 네놈이야

제주은행 신제주지점 앞을 지나다 살기를 느껴
주위를 둘러본다
동백의 붉은 눈과 마주쳤다
왜 나를,
바로 네놈이구나!
돌받침 위의 플라스틱 물통
두 개를 포개놓은 자리에
밑동부터 잘려나간 동백나무가 처박혀 있다
무엇이 죽음을 붙들어 매고
붉은 꽃망울을 터뜨렸나
등골이 오싹해진다
검정고무다리를 몸통까지 끼고
지렁이처럼 동문시장 바닥을 기어 다니던
월남 참전 용사
미안하다 용서해라
툭, 동백이 지고
고개를 떨구는데
보도블록 틈새를 비집고

눈물처럼 냉이꽃 피었다

전설
— 사라진 마을

고향은 남쪽
새비리
한밤에 샛별이 목욕하고 간다는 새비리 큰 못

꽁보리밥 장국 말아 후루룩 먹는 둥 마는 둥 뛰쳐나온 아이들
밥 짓는 연기 방죽 위로 마중 나올 때까지
새비리 큰 못 용왕님 차지
덧셈 뺄셈은 가르쳐주지 않고
물방개 세우 붕어 미꾸라지 잠자리 다 같이 뒹굴며 놀라고
어쩌다 아이들이 물수제비를 뜨면 네 눈썹으로 그 돌멩이 건져 내라고
못가 버드나무 가지라도 자르는 날이면 동티내려 벌을 주겠다고
주먹코 훈장님보다 더 케케묵은 새비리 큰 못 용왕 선생님

돈 많이 번 복남이네 작은 아버지 서울서 왔다
네거리 팽나무 아래에선 마을 어른들이 자주 모였다

마을이 가난한 것은 촌스런 새비리 때문이라고
새비리 큰 못 용왕님은 미신이라고
마을 입구 바위에 新星部落이라 새겨 놓고
새비리 큰 못가엔 '신성부락 저수지' 입간판도 세우고…

삼십호 남짓 살던 내 고향 새비리
지금은 아무도 살지 않는
반쯤 매립된 썩은 못뿐인
칠십 년대 일본뇌염으로 네 명이 목숨을 잃은 곳
한 사업가가 못으로 뛰어들어 자살을 한 곳
새비리 큰 못 용왕님의 저주가 내린 마을

고향은 남쪽
전설 따라 삼천리를 가도
아득히 먼 곳

세상이 지들 것인 줄 아나

자동차 정비공 김씨
신문을 보다 말고
기름때 묻은 장갑을 낀다
'세상이 지들 것인 줄 아나'

보닛을 열고 시동을 걸어보고
액셀러레이터 브레이크 기어
공구를 든 손이 바쁘게 움직인다

카드 결제를 하고 운전석으로 오르는데
장갑 낀 김씨가 손을 흔든다
'차를 알고 운행해야 차도 사람도 편한 법입니다'

부품들이 어울려 돌아가고
자동차가 움직인다
라디오를 틀자
국회 청문회는 아직도 생중계 중이다

활대그물

희망근로를 마치고
막걸리 한 병
깍두기 한 점
찌글락거리는
어금니 사이에서 우는
참새소리

눈 위 껍데기에 섞인 몇 개의 조알을 쪼으려
활대그물에 걸려 파닥거리던
새의 갈비뼈
참새구이를 먹던
내 사기 전과

활대그물에 걸린 나의 하루

제3부

닭곰탕 한 그릇 먹고 싶네

플러그와 콘센트 · 1

부산 국제영화제를 둘러본 하늘이 쯧 쯧 혀를 차더니 회심의 대작 한 편을 만들었다 인간들이 좋아하는 텔레비전 화면에 비춰보고 싶은 욕망으로 잠을 설쳤다 어스름 새벽 도심 뒷골목에 버려진 낡은 텔레비전 플러그가 꾸역꾸역 욕정을 내뿜고 있다 아무리 둘러봐도 씨받이 콘센트는 없다 한때는 자궁의 무리를 끌고 다닌 카사노바였겠지 너무도 자기를 닮은 폐기처분된 시간의 화면을 혀로 핥아본다 빗방울이 뚝 뚝 떨어진 건 그가 떠난 조금 후의 일이다

닭곰탕 한 그릇 먹고 싶네

싸락눈 날리는 섣달그믐의 오일장터
느닷없이 닭이 우네
심장 위로 뽑아 올린 선홍빛 꽃송이
벼슬이 장엄하네
두 다리 묶인 그 닭 팔려가네
반쯤 감긴 닭의 두 눈 속에서
나를 보네
대구장대*로 끌려가는 수운을 보네

그러니까, 육십갑자의 으뜸 해
갑자년 삼월 초순이라지만
봄은 멀고
새벽은 오지를 않네
문간방 박 서방네 장독을 깨뜨리며
쓰러진 풀잎들을 짓밟으며
그렇게 눈발 몰아치네
무명 홑옷을 걸친 반도
피가 돌지를 않네

피가 먹고 싶어
사랑하는 이의 뜨거운 피가 먹고 싶어
반도의 고픈 풀뿌리들의 쉰 목소리
울며 울지 않으며
가부좌 틀고 그 소리 듣고 있던 삼층관을 쓴 사내
자리를 털고 일어나네
목울대를 울리네
꼬꼬고우
어둠을 밀치며 대구장대로 가네
빠지직빠지직 얼음웅덩이 헤진 짚신으로 밟으며
굿판에 차려놓은 재단으로 오르네

인파 속으로 사라진
장닭 한 마리를 생각하네
툭, 꽃이 지겠네
무명천 위로 선홍빛 가득 번지겠네
봄바람을 일으키겠네

싣고 온 쪽파는 제값 받기 글렀고
닷새 후면 설인데
생선 몇 토막 과일 몇 개는 사야할 텐데
배는 고프고
젠장, 밥 말아 간을 친
뜨끈한 닭곰탕 한 그릇 먹고 싶네

* 대구장대 : 1864년 3월 수운이 순도한 곳.

플러그와 콘센트 · 2

2010호에 사는 여자
아들을 낳아야 했다
가슴 깊은 곳에서
따끔따끔 바늘 돋더니
젖꼭지를 뚫고 말뚝 같은 플러그가 솟아났다
고압전류는 플러그 끝에서 몸부림치는데
돌부처에도
첨탑 위 십자가에도
콘센트는 없었다
어쩔 것인가
떨어지는 별똥별에 플러그를 꽂을 수밖에
서울에는 별똥별 뜨는 하늘이 없다
2010호의 안주인
콘센트와 플러그가 하나인 컴퓨터에서
별똥별 내리는가 했더니
지지지 지지지
하늘이 사라져버린다

건넌다는 것

새 날아간
바위에 앉아
물마루를 본다

— 합동위령제이었던가, 가뭇한 요령소리 저만치 가고 있는 시간을 부른다 내 나이 세 살 어머니는 스물셋 반야용선*을 타고 바다 건너시는 어머니 현령顯靈들 사이에 앉아 계신다 간헐적으로 내리는 빗방울 흘러내리는 젖—

읍내로 나가
조합 빚 이자 물고
바위에 앉아
망망대해를 본다

반야용선*을 타지 않으면
죽어서도 건널 수 없다는
윤회의 바다 검푸르다

새 날아간
바위에 앉아
파도에 금가는 심장 소리를 듣는다

배는 보이지 않는다

* 반야용선 : 불교 용어로 진리의 배, 윤회고(輪廻苦)를 벗어나는 유일한 수단.

꽃이 피어야 봄바람이 분다

동숭동 거리에서
바람난 아가씨를 만났어
그 아가씨 이름이 임수경이라든가, 아닌가
그녀의 갈비뼈 어디쯤
솔솔 새어나오는 향기 쫓아
총각들
강물 따라
어디론가 흐르는 거야
나도 모르게 같이 흘렀지
쩡, 실핏줄이 터지는가 싶더니
펑 펑 가슴께에서 구멍이 뚫리고
붉은 혈흔이 꽃송이로 피어나는 거야
와이셔츠 단추 사이로
분명, 바람이 나갔어

봄바람이 불어 꽃이 피는 게 아니었어
질풍노도로 절벽을 후려치다 하얀 뼛가루로 부서진
처녀 총각의 무리들

한 송이의 꽃향기 좇아
산수유나무에 첫 깃발 꽂고
마로니에공원에서 암술과 수술로 포개졌지 뭐야, 그때
신촌로터리 쪽에서 엄청난 함성이 몰려오는 거야
훅, 달아오른 무리들이
도도히 흐르는 거야

그건 다 지난 이야기가 아니야
칠팔십 년대나 지금이나
꽃이 피어야 봄바람 부는 거야

강낭콩 꽃잎에 스민 쪽빛

— 侍天主 造化定

구미산 용담정 돌아 나오는 길
수운이 오른손 검지로 하늘을 가르치다
왼손의 책을 떨어뜨렸네
나 그 연애소설에 흠뻑 빠졌네

백두대간 水水山山 만리길을
뚜벅뚜벅 비칠비칠
지줏대를 친친 감아 오르며
임 찾는 소리
불경처럼 서럽네
구름 속에선
눈물로 별이 피고
눈물로 별이 지네
몸 뒤척이다
몸 그척이다
그만 가슴이 터져버린 하늘이 왈칵,
파란 알몸으로 꽃잎을 끌어안는 것이네

강낭콩 꽃잎에 스민 쪽빛
내 가슴을 스윽 베는 것이네

퉁소

숨을 불어넣어 본다
내쉬는 숨소리
아프다

그해 선달 할머니 숨 다 소진될 때 손자 하나 보듬어 키우느라 가쁜 숨 다 소진될 때 입술 포개어 그 흔한 숨 한번 불어넣어드리지 못했다

장례를 치른 후 할머니의 손때 묻은 낡은 장롱 속 퉁소를 꺼내 불며 큰아들이 장가갈 때쯤이면 내 삶의 뒤란에도 황금열매 주렁주렁 열린다고 귀신들의 숨소리도 신명날 거라고 장담했던 것인데,

대나무 세 마디 잘라내어 구멍 숭숭 뚫은 할아버지 속내 할머니는 알았을까 일제 4 · 3 6 · 25 그 세월에 서른일곱의 지아비 열아홉의 외아들 띄워 보내고 젖은 눈으로 돌아서 보니 나라님 명령으로 종가집이 불타 대숲은 불길로 치솟아 올라 총소리에 며느리도 딸도 이웃들도 제주섬 동백꽃

툭툭 붉게 져… 그날 이후 할머니는 울지 않으셨다 한다

네 목숨 살린 것이 할아버지가 남기신 이 퉁소라고 너와 함께 강보에 싸 불길을 뚫을 수 있었다고 할머니의 부적 그 퉁소 하나 들고 타관을 떠돌기 어언 삼십년 세월에 띄운 삶이 그렇더라 물결에 휩쓸려 떠내려가다 툭 걸리면 그렇게 썩어가는 나뭇잎 같은 거

예나 지금이나 퉁소는 사랑하는 이의 숨만을 받아먹고 되살아난단다 마디가 뚫리고 마디마다 구멍 뚫린 내력 허공에 꼭 허공에만 서리서리 펼쳐 보인단다 사랑하는 사람만 알라는 것이란다

숨을 불어넣어 본다

열두 밧디 코 터진 항*

하늘 우인 똥소로기 빙빙 감장돌고
마당에선 삼촌이 날 옆으로 둘처업어그네
열두 밧디 코 터진 항 삽서 열두 밧디 코 터진 항 삽서 허멍 감장돌아가민
놀래 왔던 아이들도 웃어가멍 코풀착거려가멍
열두 밧디 코터진 항 삽서 열두 밧디 코 터진 항 삽서
둥굴멍 놀멍 허였주

그땐 그 말이 무신 말인지 몰라신디
이제왕 생각허여보난
가슴이 섬찍헌게
열두 밧디랑 마랑 홈치
눈고냥 귓고냥 가슴팍에 붙은 젯 두 고냥꼬지 꽉꽉 막아불곡
제우 콧고냥 입고냥 똥고냥만 배롱허게 터지왕 살단 보난
사름이 이모냥으로 황당헌거라

진 멧 고냥이나 터지완 살암서

* 열두 밧디 코터진 항 : 열두 군데 구멍 뚫린 항아리의 제주어 표현으로 사람을 뜻한다.

저笛 소리

저 소리

산맥을 타고 넘는 바람
굽이굽이 흐르는 강물
대금 가락도 아닌
풍각쟁이의 노래도 아닌

저 소리

유유히 흐르던 무수한 갈래의 초록빛 길 분별을 모르는 꽃들이 한창 화르르… 환장한 봄이 아른아른 녹아내리던 때가 있었다 분별없는 것들이 저마다 또렸또렸 반짝이던 시절이었다

풍각쟁이가 떠났다
저, 막대
문설주에 걸려 있다

제4부
새벽종소리를 듣다

북으로 가는 봄

三冬을 견디어온 한 잔 술의 목마름이다
한라산 중턱에 허리띠 풀어놓고
영산홍 바람에 얼큰히 취한 바람
바다 건너
훅 훅 취기 뿜으며
호남평야를 갈지자로 오른다
탑골공원 사람사람 사이에 신명 한 줌 풀어 넣고
팔당 지나, 미시령 넘어
속초 바다 막 건너려는데
누가 뺨을 때리는가
만삭 여인의 기도 소리 가로채어
북쪽 선녀봉 너머로
휙— 날아오르는
저물녘 차가워버린 바람이었다

새벽종소리를 듣다

누이야
겨울 산사의 새벽종 소리에
네 소복 옷고름 젖는가
시린 바람에 동백꽃은 툭 툭
통째로 지는가
누이야
어머니의 하얀 적삼에 번진 핏빛을
지금 그렇게 보는가

남정네들의 죄 깊은 발자국 마다엔
일제, 4 · 3, 6 · 25의 상흔들이 아직도
미제의 초콜릿 흔적으로 끈적이는가

곁보리 서 말만 있으면 처가살이 안 하신다던
대쪽 호통 소리에
서까래 무너지는 가난한 설움을
바다에 풀어놓아
누이야, 해종일

맑게 씻어내어
지상의 어떤 노리개와도
바꿀 수 없다 했는가

종소리는 새벽을 알리고
눈은 푹푹 내리고
우두둑, 나뭇가지 부러지는가
지울 수 없는 얼룩이라면
저렇게 잘라내라 함인가

누이야
겨울 산 성덕암에선 새벽종 소리 울리고
네 젖은 영혼은 방울져 눈물로 흐르는가
그 서느러운 눈물로
나의 쇠든 영혼 일깨워선
무명無明을 들여다보라 하는가
그 무명의 바다에서
한 소리 건져 올려

동박새는 동박새의 소리로 노래하라 하는가

산 아래
난장 난 곶자왈 자리
초콜릿빛 상처 위로
누이야
새벽종 소리 한 줌 파종할 참인가

머루주를 마시며

베트남 아가씨의
노래를 듣고 있다

"그냥 내버려 두세요"
"그냥 내버려 두세요"

남지나해 하얀 파도가
그녀의 드레스 자락에 부서지고 있다

한밤에 북으로 갔다는 아버지 눈빛이
머루주 잔 속에 어른거린다

노래가 끝났다

혼자 우두커니
검은 파문을 마시고 있다

어금니 부러지다

국화꽃도 송이송이 서러운 날
어금니 세 개 부러졌다
번쩍이던 금덩이 세 개
내게는 사치였나 보다

연초록 그 보드라운 줄기
오도독 씹으면 잠시나마 어머니를 잊게 했던
그게 찔레인 줄 모르던

젖니 빠져나간 자리

너무도 눈부신 사월 삼일
벚꽃 와르르 무너져 내려
광풍에 무너져 내려
외할아버지 외삼촌 어머니
멀리, 바람에 쓸려 가신 줄 알았는데
입 안 가득 뾰족뾰족 돋아나
밥 잘 먹었다

쉰다섯의 사내와
땜질하며 버텨온
어금니 세 개
소복 여인들의 통곡 속에서
우두둑 부러져 나간 자리

친친 감겨오는 찔레의
바다를 뚫고 나온
백상아리의 아가리

제발,
나를 삼켜라!

사월 억새

밝고 보드라운 날에도
시퍼런 칼날로 돋아나는 것들이 있다

하늘만 우러를 뿐
땅 속 깊이 발을 뻗을 뿐
바람에 눠일 줄 모르는 우직한
등허리를 후려치는 채찍아
태 사른 오름 두고 어디로 가란 말가

뻘건 도랑물 흐르던 오름
허옇게 삭히어보려
세월이 오르락내리락
마포질 한다만
부러진 몸뚱어리
썩고 썩어
혼백 엮어 만들어온
봄날
잊혀진 오름들이 날카롭게 푸르르고 있다

지워진 이름
억새라 불리고 싶은 거다

흔적

— 오도국민학교 옛터에서

간밤 꿈에서
태극기의 빨강과 파랑이 포개지더니
엄청난 굉음이 나더라
사위에 휩쓸려, 나 흑암으로 빨려들더라

오늘, 나
제주국제공항 활주로 서쪽 끝
오도국민학교 옛터를 찾았다
아버지는 여기 어디쯤에서 쓰러졌을까
국민의 배움터에는
청군 홍군 나뉘어 흥겨운 운동회의 세월은 없고
이긴 자들이 진 자들을 향하여 무차별 학살했던 흔적만
깨진 기왓장 조각으로 나뒹굴고 있다

춥다, 가자
강순경의 딸, 지금은 내 아내
노란 유채꽃 속에서
발길을 돌리자 한다

그림을 그리던 아들놈의 캔버스에선
파랑과 빨강에 노랑이 끼어들어
초록과 주황을 만들어 내고 있다

우리 부부
노랑이 만들어 놓은 변화에
한참 말이 없다

할머니의 달

달이랑 둘이 걷는 시오리 길

친정 제사에 다녀오는 길

이슬 내리는 길

달의 동공에

달맞이 꽃잎에

촉촉이 젖는 길

저 홀로 환한 길

西로 가는 길

굴비

1

봄볕에 바람은 젖은 삼베옷을 말리고 있다 사백 년 넘게 살아온 팽나무는 밑동부터 반이 잘려나갔다 눈망울들 움터 무엇을 찾는 것일까? 마을은 없고 지우다만 낙서처럼 대숲들 여기저기서 수군거리고 있다 엄청난 살기에도 나는 무사하다 그러니 여기는 평화의 섬이 틀림없다 … 대형마트에 들러 굴비 한 줄 산 것은 순전히 식욕을 돋운 청명하늘 때문이다 프라이팬에서 기름이 끓고, 청정해로 헤엄쳐 가는 굴비를 본다 그렇다고 내가 정신병동에 감금되지는 않는다 여기는 평화의 섬이니까

2

사람은 고구마가 아니다 더구나 공출용 절간고구마 포대는 더더구나 아니다. 아니다, 공출용 절간고구마 포대가 틀림없다 창고에 차곡차곡 쌓아 두었다가 대형마트로 실려갈 때는 줄로 엮은 굴비가 된다 예비 검속이 한창이던 시절 제주섬 바람코지 모슬포 절간고구마 창고의 역사가 증명해준다

3

좀스런 평화가 아니다 태평太平이다 큰넓궤* 속을 기어나와, 영실계곡을 누비다, 불래오름 지나, 태평양으로 가는 문 정방폭포 벼랑 끝에 대롱대롱 엮인 굴비 향하여 탕 탕 탕 축포가 울린다 굴비는 바다로 가야 하니까

4

삼밭에는 삼이 없다 삼밭 일구던 마흔여섯 가구의 사람들 없다 쉰다섯의 허령虛靈들만 팽나무를 타고 올라 눈망울들 남으로 기웃거리고 있다 시선 따라 길을 간다 개구리발톱 양지꽃 미나리아재비 애기똥풀 등대풀 살갈퀴 재비꽃 그 평화의 어지럼 속에 고사리가 물음표를 던지고 있다 물음표를 뭉개며 헛묘** 앞에 섰다 할미꽃 허연 머리가 푸스스하다 나는 잘 익은 굴비를 꾸역꾸역 목구멍으로 삼킨다 여기는 평화의 섬 제주니까

* 큰넓궤 : 4 · 3 당시 이 지역 주민들이 목숨 부지를 위하여 숨었던 곳.

** 헛묘 : 예비검속의 올가미에 걸려 정방폭포에서 살해 당한 후 시신을 찾을 수 없었던 유족들이 원혼들을 위로하기 위하여 만든 묘.

까마귀 · 1

너, 나
서로의 피사체
찰칵

눈부신
화장을 한 청담동 사모님
그림자가 꺼림칙하다
단숨에 임대아파트를 뽑아버린 힘센 구청장에게
저 녀석의 눈알도 빼라한다
취재 카메라들의 눈이 껌뻑거렸던가, 아닌가

눈알을 잃은 TV의 뉴스를 떠올리며
동두천 임대아파트를 어렵게 마련한 아들 내외를 생각하며
어리목 지나 천백고지를 지나는데
삶의 벼랑으로 쫓긴
까마귀 떼가 길을 막는다
마로니에를 뛰쳐나온 70년대의 대학생들인 듯

용산참사 현장의 철거민들인 듯
카메라를 들이대자 사정없이
저들이 먼저 플래시를 터뜨린다
그리고 알아들을 수 없는 말
까악 까악
머리가 쭈뼛거린다

까마귀 · 2

정뜨르비행장
4 · 3유해발굴현장을 먼발치서 바라본다
"폭도새끼들 뭐 볼 게 있다고"
내 어깨를 툭 치며 내뱉는 말이 늑골을 찌른다
산으로 오른 어머니와 외삼촌 향하여 총을 겨눈
무공훈장을 받은
충혼묘지에 묻힌
어머니의 사촌이 그의 아비인
바위 같은 얼굴이 내 어깨를 짓누른다

발굴현장을 둘러선 사람들 사이
포크레인이 걷어 올리는 흙 한줌에서
아버지 외할아버지 찾으려고
마음은 고개를 내밀었으나
목을 조이는 붉은 사슬이 뒷걸음치게 한다

정뜨르비행장 아래 묻혀
있다는 아버지, 외할아버지

잿빛 위에 잿빛을 덧칠한 먹장구름 아래
이 섬 어딘가에
있다는 어머니. 외삼촌

없다

정해년에서 무자년으로 넘어온 하룻밤 새*
폭도공원이 돼버린 4 · 3평화공원 위폐봉안소 위로
까마귀 떼 날아오른다
거친오름**을 흔들어 깨운다

* 무자년 : 4 · 3발발 60주년인 동시에 이명박 정권이 들어선 해다. '폭도공원' 이란 말은 이정권이 들어서자마자 극우세력들이 주장하는 말이다.

** 거친오름 : 기슭에 4 · 3평화공원이 있다.

까마귀 · 3

목마른 까마귀
물웅덩이 찾았으나 물은 마시지 않고
진흙 위에 기호만 남긴 채 후다닥 사라진다
몇 마리는 앉으려다 말고 까악까악
암호를 보내며 날아간다
불가해한 저들만의 까만 기호와 암호

비상사태가 났나보다
곶자왈을 뛰쳐나와 하늘을 뒤덮는 까마귀 떼
저들도 한때는 세상과 소통하며 살았을 것이다

집이 불타
오장육부가 타
영혼은 골백번을 타
까맣다
섬광을 쏟아내는 경계의 눈빛 섬뜩하다

무자년 새아침

죽은 줄 알았던 ‘폭도’라는 말이
완장을 찬 토벌대에 쫓겨
거친오름*을 지나 한라산자락으로 날아간다
하늘이 새까맣다

* 거친오름 : 기슭에 4 · 3평화공원이 있고, 희생자 명단이 봉안되어 있다.

나는 아직도 역적인가

— 4 · 3 연좌제

창밖 담벼락에
인동초 꽃피웠다

역적은 숨어 사는 요령도 서틀러
을지문덕 꿈을 꾸며 육사를 지망했다
깨어보니 가슴팍엔 붉은 수인번호
스스로 툭, 지는 동백이고 싶었다

눈 내리는 섣달 밤
어미 등에 엎힌 아이
쫓기는 노루처럼 눈이 큰 노루처럼
총소리에 놀래어 산으로 올랐다
어미젖 산 속에서 잃어버리고
허기진 입 속엔 빨간 멩게* 열매
명백한 대역죄로 수인 찍힌 세 살 아이

그 아기의 아이 자라
새처럼 날겠다며

항공대 항공운항과에서 날갯짓을 배우는데
양 날개 묶어놓은 연좌사슬에
항공대 정문 밖으로 새는 떨어져

봄이 오고 언 강물이 풀린 지 언제냐고
인동꽃은 나더러 나오라는데
나는 왜, 이리도 손 발 저린가

* 멩게 : 청미래덩굴의 제주방언.

촛불로

울지 않으리 가슴 태우지 않으리
말 한 마디
몸 동작 하나
좌빨이란 칼날에 더 이상 휘둘리지 않으리

산으로 오르기 전
이웃들과 사람답게 살고 싶은 마음뿐이오
그 말씀 따라
어머니마저 공회당 마당에 쓰러지셨지

한때, 폭도새끼라는 말이 무서워
동백 붉은 더미를 향해
멍멍 짖으라면
멍멍 멍멍 멍멍멍
큰 소리로 짖었지
그러나 나
당신들이 폭도가 아니란 걸 잘 알지
이웃들과 사람답게 살고 싶은 소망이

폭도의 마음일 수는 없지

양민에겐 폭도의 탈
폭도들은 양민의 탈
탈을 쓰고 살아가는 캄캄한 세상
촛불로 울리
촛불로 타오르리

제5부
산꿩 울음

뒤란의 입춘

뒤란에 서서
눈은 꽃구경인데
귀는 딴청이다

어떵 살안디
살암시난 살아집디다

묻는 동백도
답하는 매화도

울먹울먹
토해내는 말

눈은 가벼이 동지섣달 넘었는데
귀는 환청 속을 헤매고 있다

하가 연화못

바람 고운 날 오십시오
홀로 오십시오
생의 반구비에 선 고운 여인이여
거울 앞으로 오십시오
여기는 하가 연화못
계절의 마루에서 팔월이 내리네요
이만치 오시면서
고운 버선발 진흙도 밟아 봤고
세찬 눈보라엔 얼음장 밑 돌멩이에 숨어도 봤겠지요

뜨거운 팔월에 오십시오
홀로 오십시오
하현달 품에 안은 고운 여인이여
당신의 거울로 다가 오십시오
여기는 하가 연화못
내딛는 자욱마다 피었던 꽃송이들
툭툭 지는 소리에
눈물마저 말랐지만

깊은 눈으로 거울을 보십시오
저리도 눈부신 연꽃의 황홀

동창회

시골 학교
4학년 1반 담임
최숙정 선생님
하루 두 끼만 먹는 사람 손들어 봐
열두 명
한 끼만 먹는 어린이도 있니
한 명
마흔세 명 중 열세 명 어린이
선생님 집으로 간다
쪼그려 앉아
킥킥거리다
끝내 우당탕거리는 동안
밥물은 부글부글
찌개는 설설

환갑 지난 동창들
술잔은 돌고
밥물은 부글부글

찌개는 설설

감나무

고방엔 마른 시루떡이 있다
대광주리 위로 구렁이가 기어가고 있다
밭일 나간 어머니는 오지 않는다
새까만 나는
감나무 둥걸을 커다란 구렁이라 생각한다
자꾸만 놀려대는
매미를 향해 돌팔매질을 한다

이제는 팔려버린 감남밭 옛터
연립주택 한 모퉁이에서
또아리를 틀 자리마저 빼앗겨버린 구렁이가
직립하여 몇 줄 안 되는 햇살을 물고 있다
여우비 스쳐간
햇살 끝자락
간간이 눈물이 번진
그리운 이들에게 써내려간
미발송의 사연들이 흔들린다

굴삭기 소리에
구렁이가 한바탕 경련을 한다
매미들이 파열음을 내며 비비산산 사라진 서녘 하늘을
어디서 본 듯한 소년이
붉게 두드리고 있다

산꿩 울음

길은 고갯길
비는 내리고
농투성이 아버지의
재 한줌 가시는 길
필사적으로
필사적으로
버둥거리는 날갯짓에
날짐승이라 불려진
산꿩 한 마리
그대 잘 가시라
꿔어엉
꿔
.
.
.
ㅇ

어진 설문대할망

뭍에서는 하늬바람만 불어온다
그때마다
풀들은 땅 속으로 숨어야하는데
어질디어진 설문대할망
올봄에도
철쭉꽃 벌 나비 새소리까지
마파람에 실어 뭍으로 보낼 요량이다
집 떠난 설문대할으방 능청스레
대금소리 한 소절 부르며
영실靈室로 돌아올 날만 기다리는 것이다
그날이 오면
오백나한도 잠에서 깨어
백록담 가득 팥죽을 쑬까
덩실덩실 어깨춤 추어나 볼까
할망 가슴이 설레는 것이다

이어도

폭풍우 지나간
늙은 감나무 가지 위, 머뭇거리던
달이 구름 헤치며 앞으로 앞으로 나가고 있다

아비 바다로 나간, 기일
제사상 물린 어미
수세미로 빡빡 지워도 지워도
이어도 여인들에 묻혀 히히덕거리는 아비 얼굴
밥그릇 국그릇마다 어른거린다

검색을 끝낸
컴퓨터 화면 위, 두 눈 부릅뜬
부표 하나 망망대해 저편을 보고 있다

폭풍우 지나간 느티나무

등 가려워

몸 흔들었나보다

박새네 집 기우뚱거리게 했나보다

간밤, 그래서

나무는 울었나보다

어미 새 날아든 느티나무

참

푸르다

오당빌레

동틀 무렵 오당빌레 휑 구멍 뚫린 늙은 팽나무 가지에 지전 걸고 타래실도 걸고 밑둥치 큰 구멍 앞에 제물 올려놓고 신권으로 바꿔온 만원 석 장도 올려놓고 봉철이 어멍 허부죽허부죽 절하고 심방은 요령 흔들고
— 오당빌레 당신님아 이 정성 받아줍서 이 정성 받아그네 하가리 양씨 집안 자손 줄 내리옵서— 서럽게 애절하게 오르락내리락 가락도 붙여가며

아방이 이웃마을 과수댁을 드나든다는 소문이 난다든지 아기가 밤새 경기를 일으키며 운다든지 누렁이가 난산을 한다든지 이런 날이면 어멍은 조왕에도 빌어보고 칠성에도 빌어보고 붉은팥에 왕소금 섞어 동티난 곳을 찾아 뿌려도 보고 하다 하다 안 되면 찾아오는 오당빌레 팽나무 그 큰 구멍

어쩌다 골목어귀 팽나무 가지 우에 까마귀 앉아 울면 이삼일 안으로 흉사가 있다는 것은 얼마나 무서운 말인가

할머니의 은행나무

달랑 물병 하나 싣고
유모차 밀며 은행나무로 온 할머니
여름 내 뛰놀던 손자 손녀들
뽕뽕뽕뽕 뀌어댄 방귀들이 잘 익었다고
무릎 위에 앉은 노란 은행잎이
올가을 시집가는 큰손녀 엉덩짝 같다고
힘 다 소진된 방귀같이 피시시 웃는다
한 열흘쯤 쓸어 담고
또 한 열흘쯤 손 다듬으면
내민 고사리 손 위에 앉을
오백원 동전 두어 닢
허연 머리 위로
후두두두

해설

소멸과 생성

— 역사 · 환경 · 종교의 시적 존재 방식

김병택(문학평론가)

1. '보여 주는 시' 의 지배적 인상

시집 『구멍』에 수록된 시들은 서술시가 아닌 묘사시에 가깝다. 시집 『구멍』의 시들은, 그러므로, 말하는 시가 아니라 보여주는 시이다. 설혹, 시인이 대상에 대해 말하고 싶은 것이 있다 하더라도, 시집 『구멍』의 시들은 그것을 직접 말하지 않고 보여 준다. 이런 점을, 우리는 시집 『구멍』의 곳곳에서 쉽게 발견할 수 있다.

시인은 대상에 대해 보고 느끼고 생각한 것을 시적 언어로 표현한다. 시인에 따라 독자에게 주는 시의 인상이 다를 수밖에 없는 것은 그러한 점에서 기인한다. 시의 인상은 종종 한 권 시집의 여기저기로 분산될 때도 있지만, 시집 『구멍』에서처럼 여러 요소들이 결부되는 범주의 형식으로 나타날 때도 있다. 그렇게 나타나는 인상을 우리는 지배적 인상이라 부른다.

시집 『구멍』에 수록된 시들의 지배적 인상은 역사 · 환경 · 종교 등을 소재로 삼고 그것과 결부되는 것들을 보여주고 있는 데에서 나타난다. 필자가 시집 『구멍』에서 주목하는 것은 지배적 인상을 구성하는 것들, 즉 역사의 소멸을 환기하게 하는 것들, 환경의 소멸을 인식하게 하는 것들, 그리고 생성의 종교적 이미지들이다. 이 글에서는 주로 이런 점들에 대해 살펴보기로 한다.

2. 역사와 환경의 소멸

1) 역사 또는 소멸의 환기

역사의 기록은 응당 실존하는 역사가가 담당해야 할 작업이다. 그러나 그렇다고 해서, 역사 기록이 역사가의 전유물은 아니다. 역사는 역사가가 아닌 사람들도 얼마든지 다룰 수 있다. 그 역사가 우리의 삶과 밀접하게 관련되어 있다면, 그럴 수 있는 당위성은 더 커진다.

역사가 객관적 담론이어야 한다는 원칙은 역사가가 지켜야 할 원칙이지만 시인에게는 지켜야 할 원칙이 아니다. 이처럼 역사와 시의 존재방식은 판이하다. 역사와는 다르게, 시는 역사의 소멸을 환기하게 하는 방식으로 존재한다. 시집 『구멍』에서 역사의 소멸을 환기하게 하는 것들은 학살 · 혼백 · 헛묘 · 4 · 3유해 발굴 현장 등으로 나타난다.

> 오늘, 나
> 제주국제공항 활주로 서쪽 끝
> 오도국민학교 옛터를 찾았다
> 아버지는 여기 어디쯤에서 쓰러졌을까
> 국민의 배움터에는
> 청군 홍군 나뉘어 홍겨운 운동회의 세월은 없고
> 이긴 자들이 진 자들을 향하여 무차별 학살했던 흔적만
> 깨진 기왓장 조각으로 나뒹굴고 있다
>
> —「흔적 —오도국민학교 옛터에서」 부분

화자의 '아버지'의 죽음은 얼핏 보아도 "이긴 자들이 진 자들을 향하여 무차별"로 자행된 학살에 의한 죽음이다. 그것은 비극성의 극단에서 운위되는 것이므로 역사의 소멸을 환기하게 하는 것 이상의 의미를 지닌다. '학살'은 이 시에서 표면적 의미를 넘어서는 훨씬 더 심각한 의미를 드러낸다. 이 시에서 '학살'은 그러한 특수한 기능을 수행한다.

또한 「흔적—오도국민학교 옛터에서」라는 제목은 구체적인 역사의 내용을 환기하게 한다. 이 제목은 시의 내용을 제시하는 역할을 수행하지만, 내용을 적나라하게 펼쳐 놓는 데까지는 역할을 수행하지 않는다. 실제로도, 역사의 내용을 적나라하게 펼쳐 놓는 것은 필요하지 않다. 왜 그러한가. 시에서 요구되는 것은 적나라한 역사의 내용이 아니라, 그것을 환기하게 하는 사물*의 존재이기 때문이다.

> 뻘건 도랑물 흐르던 오름
> 허옇게 삭히어보려
> 세월이 오르락내리락
> 마포질 한다만
> 부러진 몸뚱어리
> 썩고 썩어
> 혼백 엮어 만들어온
> 봄날
> 잊혀진 오름들이 날카롭게 푸르르고 있다
>
> —「사월 억새」 부분

'혼백' 은 죽음 이후에나 상정할 수 있는 초자연적 존재이다. 혼백과 혼백 이전에 존재하는 육신을 함께 생각하면

* 이 경우의 사물은 개별적이고 구체적으로 존재하는 모든 것을 의미한다.

'혼백' 이 거느리는 의미는 그 이전과 비교할 수 없을 정도의 내포와 외연을 구유한다. 그런 이유로, 혼백의 의미는 응축되기도, 확장되기도 한다. 이 경우, 나열될 수도 있는 미사여구는 전혀 쓸모가 없다. 혼백은 스스로 그것의 역사적 · 사회적 의미를 생산한다.

'혼백' 의 의미를 '사월 억새' 에 의탁하는 방법을 통해 드러내고 있는 것은, 이 시에서 주목할 만한 점이다. 물론 그것은 시인의 사물을 바라보는 방법이나 시인의 의도와 크게 관계가 있을 공산이 크다. 그러나 정작 시인의 시선이 머무는 곳은 사물의 표면이 아닌 사물의 이면이다. 그것은 "뻘건 도랑물 흐르던 오름/ 허옇게 삭히어보려/ 세월이 오르락내리락/ 마포질 한다만/ 부러진 몸뚱이" 에서 보듯 단박에 설명할 수 없는 차원을 획득한다.

> 삼밭에는 삼이 없다 삼밭 일구던 마흔여섯 가구의 사람들 없다 쉰다섯의 허령虛靈들만 팽나무를 타고 올라 눈망울들 남으로 기웃거리고 있다 시선 따라 길을 간다 개구리발톱 양지꽃 미나리아재비 애기똥풀 등대풀 살갈퀴 재비꽃 그 평화의 어지럼 속에 고사리가 물음표를 던지고 있다 물음표를 뭉개며 헛묘 앞에 섰다 할미꽃 허연 머리가 푸스스하다 나는 잘 익은 굴비를 꾸역꾸역 목구멍으로 삼킨다 여기는 평화의 섬 제주니까
>
> —「굴비」 4연

이 시의 말미에는 '헛묘' 에 대해 "예비검속의 올가미에 걸려 정방폭포에서 살해당한 후 시신을 찾을 수 없었던 유족들이 원혼을 위로하기 위해 만든 묘"라고 부기되고 있다. 말할 필요도 없이, 헛묘에 수반되는 것은 역사의 모순과 그에 따른 비극이다. 그렇다면, '굴비' 는 무엇인가. 그것은 역사적 비극에 대한 상징이라 할 만하다.

시인은 독자에게 회고적 경향과 함께 역사를 바라보는 여러 태도를 한꺼번에 보여 준다. 화자의 어조는 단호하기도(2연) 하고, 답답하기도(3연) 하며, 인용된 연에서처럼 풍자적이기도 하다. 그것은 역사를 소재로 시를 쓰는 다른 시인의 수법과는 완전히 구별되는 수법이다. 시인은 우리로 하여금 그러한 방식으로 '헛묘' 의 비극성을 환기하게 한다. 그리고 이 시는 그러한 점을 우리에게 아주 자연스러운 방식으로 보여 준다.

정뜨르비행장
4·3유해발굴현장을 먼발치서 바라본다
"폭도새끼들 뭐 볼 게 있다고"
내 어깨를 툭 치며 내뱉는 말이 늑골을 찌른다
산으로 오른 어머니와 외삼촌 향하여 총을 겨눈
무공훈장을 받은
충혼묘지에 묻힌

어머니의 사촌이 그의 아비인
바위 같은 얼굴이 내 어깨를 짓누른다

—「까마귀 · 2」 부분

4 · 3을 소멸의 역사로 볼 때, 거기에는 인간의 소멸, 윤리의 소멸도 당연히 포함된다. '4 · 3유해현장' 이 겉으로는 화자가 '먼발치' 서 바라보는 대상에 불과한 것 같지만, 잘 생각해 보면 그것은 화자의 긴 생애 동안 항상 압박하는 실체로 작용한다. 여기에도, 4 · 3의 비극성은 엄연히 존재하는데, 그것은 직접적으로 표현되지 않고 간접적으로 표현되고 있다.

'정뜨르 비행장' 은 말할 필요도 없이 4 · 3의 비극을 상징한다. 그 비극은 '정뜨르 비행장' 이 화자의 아버지와 외할아버지가 묻혀 있는 곳이라는 점에 기반을 두며, "이 섬 어딘가에 있다는 어머니, 외삼촌" 등을 포함한 개인사의 비극에서 끝나지 않고 제주사의 비극, 한국사의 비극이기도 하다.

2) 환경 또는 소멸의 인식

시적 진술 대상으로서의 환경은 생태계의 환경을 의미한다. '환경' 은 '생태계' 란 말을 무생물적 요소와 생물적 요소를 포괄하는 개념으로 쓰일 때에, 그리고 '생태적 환경'

을 인간의 삶과 밀접하게 관련되는 개념으로 쓰일 때에 보다 잘 인식될 수 있다. 시집 『구멍』에서 환경의 소멸을 인식하게 하는 것으로는 유형적인 것도 있고 무형적인 것도 있다. '코카콜라' 는 전자에, '사라진 은하수' 와 '고양이 울음소리' 는 후자에 각각 해당한다.

> 그러나 이 이야기는 잠시 멈춰야 할 것 같습니다 몰래 파도를 타고 온 코카콜라 캔이 문제를 일으켰기 때문입니다 호텔 리조트 콘도 펜션 레스토랑 카페… 깃발의 영역을 넓히려는 서부의 총잡이들이 무차별 난사를 하며 몰려오고 있습니다 낮빛 파래진 애월의 업구렁이가 놀래어 잠깬 도대에 올라 발꿈치 들고 달을 부릅니다 발목 그 푸른 심줄을 쓰다듬는 젖은 손이 있습니다
>
> —「애월涯月이 코카콜라를」 부분

이 시에서 주목해야 할 것은 화자의 시선에 의해 제국주의적 요소가 포착되고 있다는 점이다. 애월은 그지없이 평화로운 마을이었다. 그런데 이 마을에는 "몰래 파도를 파도를 타고" 코카콜라 캔이 들어오고, 뒤이어 "호텔 리조트 콘도 펜션 레스토랑 카페" 등이 속속 들어와 마을의 모습을 바꾸어 놓는다.

제국주의란 원래 직접적인 영토 획득이나 다른 지역에서 정치적 · 경제적 통제력을 얻어 세력이나 지배권을 확장시

키는 국가정책이나 관행을 의미한다. 이 시에서 '코카콜라' 를 비롯, "서부의 총잡이들이 무차별 난사를 하며 몰려오고" 있는 것들은 모두 서구의 경제적 침략을 상징하는 사물들이다. 이처럼 시인은 소박하고 아름다운 마을 환경이 소멸하고 있음을 인식하고 있다.

하늘에 은하수가 사라졌다
사막을 걸어가는 낙타의 눈처럼 별이 목마르다

장대 끝에 꿈을 매달아 별을 따본다
밤톨 없는 밤송이뿐이다

방선문訪仙門 계곡에 신선들이 사라졌다
잘 익은 머루주 향 같은 노래
휘파람새의 휘파람소리 들려오지 않는다

어디로 갔을까

—「어디로 갔을까」 부분

인용된 부분을 포함한 시 전체에는 "어디로 갔을까"가 세 번, "사라졌다"가 두 번 반복된다. 그 물음의 대상이 '하늘의 은하수', '무수히 반짝이는 별', '방선문 계곡의 신선들', '휘파람새의 휘파람소리' 등이라는 점을 놓고 보면,

이 시의 성격은 명백하다. 시인은 이 시에서 아름다운 환경의 소멸을 보여 준다.

자연은 인간의 의도나 노력으로부터 독립해 존재하는 그 무엇이다. 인간의 자연은 교육을 통해 얻은 부분이 아닌, 태어나면서 가지고 나온 부분이다. 프랑스어 'nature'은 '자연'과 '본성'의 뜻을 함께 지닌다. 이런 의미에서, 하늘의 은하수, 별, 휘파람새도 자연 환경에 포함됨은 물론이다. 시인은 그러한 환경의 부재를 철저히 인식한다.

누런 보리밭 헤집으며 꿩알 줍던
내 고향에도 아스팔트길 뚫렸다
(……)
20년 만이다
안개비 내리는 일요일
성묘하러 고향 길 간다
모텔과 가든이 마주하는
4차선 중앙분리대 아래
찢긴 외투 널브러져 있다
야—옹 야—옹
외투 속을 빠져나온
우리 집 헛간 주인 얼룩고양이의
야아오오옹
꽁무니에 매단 채

옛 집터를 지나
씽씽 산으로 달린다
상여 느릿느릿 오르던 길이다

—「고양이 울음소리」 부분

'찢긴 외투'는 교통사고의 발생을 짐작케 하는 표현이며, 그런 사고를 유발하게 한 것은 '아스팔트'이다. '고양이 울음소리'는 그러한 상황에 대한 간접적인 반응으로 보인다. 그런데도 '고양이 울음소리'는 표면적 의미보다 훨씬 더 많은 의미를 거느린다. 그것은 시인이 환경의 어느 한 부분만이 아닌, 전체를 인식의 대상으로 삼고 있는 점에서, 그리고 이 시의 배경적 외연이 '아스팔트'로 시작해서 '상여 느릿느릿 오르던 길'까지에서 보듯 아주 넓은 점에서 기인한 결과이다.

3. 생성과 종교적 이미지

생성이 무턱대고 종교적 이미지와 관련되는 것은 아닐 터이다. 그러나 여기서의 생성은 종교적 이미지와 밀접하게 관련되는 생성이다. 생성은 어떤 것이 '스스로 다른 것으로 되는 것(becoming)'을 의미한다. 생성은 동일상태에 머무는 존재의 고정성에 대립한다. 생성과 존재의 관계는

고대 그리스 철학 이래의 철학의 근본문제였다. 생성은 그것의 속성상 변화와 불가불리의 관계에 놓일 수밖에 없다. 그 변화 과정에 종교적 요소(이미지)가 개입되는 것은 자연스러운 일이다. 시집 『구멍』에서, 생성에 참여하는 종교적 이미지들은 화엄 · 범종 · 반야용선 · 연화 등에 근거를 둔 것들이다.

> 대웅전 계단을 내려온 두 여인이 화엄의 벚꽃 길을 걸어간다 마주보는 눈길마다 미소가 번진다 첫사랑에 달뜬 연인 같다
>
> 어린 핏덩이도 울부짖던 어미도 참 많이 부딪히며 흘러온 이십여 년 두 줄기 세월이 나란히 화엄 속을 거닐고 있다
>
> —「화엄의 그늘」 부분

『구멍』에서, 이 시는 어떤 대상에 대한 시인의 정신적 탐색이 역사 · 환경에 머무르지 않고 다른 영역으로까지 확대되고 있음을 확인할 수 있는 첫 번째 작품이 될 것이다. 시인이 도달한 지점에는 종교가 있고, 그가 늘상 체험하는 종교적 이미지들은 이제 감각의 차원이 아닌, 생성의 차원을 보여 주기에 이른다.

화엄이란 붓다의 만덕과 여러 꽃으로 장식된 지리의 세계를 말한다. 보통, 어떤 낱말의 의미는 그 낱말의 구조로

인해 제한된다. '화엄' 도 그러한 경우의 낱말이다. 그러나 시인에 의해 조종되는 낱말의 의미는 낱말의 구조를 한참 넘어선다. '화엄의 꽃' 은 결국 '꽃' 의 중층적 의미를 통해 생성의 종교적 이미지를 드러낸다.

> 임이 있어도 그만, 없어도 그만이던 시절은 가고
> 첫눈 내리던 날
> 머리 깎고, 눈 코 귀를 막으며
> 산사에 들어온 지 20년
> 임을 부르며 범종을 친다
> (……)
> 상처를 안고 몰려드는 물고기들을 어루만지며
> 부르튼 천수千手로 물마루 집고 넘어
> 철썩 사르르
> 무성無聲 무색無色이 되어 찾아온 임의 노래
> 짭짤하고 축축한 그, 눈물 속에서
> 범종이 운다
>
> —「한담리 바닷가에서 범종소리를 듣다」 부분

종은 시간과 장소를 알리는 상징이다. 그것은 시간의 매듭과 장소의 현장성을 알릴 뿐만 아니라 공간적인 신성성을 확장하는 암호로도 표상된다. 그리고 그것은 성스러움을 불러일으킴으로써 인간을 각성시킨다. 불교에서 종소리는 諸行無常을 깨닫고 번뇌와 사악에서 벗어나게 하는 역할을 맡는다. 이와 함께 종을 만들어 공양하는 데에는 마귀를 항복시키고 중생의 고뇌를 없애 菩提를 성취하게 하는 기원이 깃들어 있다.

'범종' 은 이 시에서 '울리' 는 주체가 아닌, '우는' 주체로 나타난다. 화자가 '이 한담리 바닷가' 에서 듣는 범종소리는 청각으로 받아들이는 소리가 아니라 다분히 관념적인 소리이다. "부르튼 천수千手로 물마루 집고 넘어" 의 '천수' 가 천수관음을 의미하는 데에 유의하는 독자라면 그런 판단에 쉽게 동의할 수 있을 것이다. '범종' 은 그러므로 단순한 범종이 아닌, 실로 많은 의미를 내포한 범종이 되는 셈이다. 생성의 종교적 이미지를 드러내는 것도 그때에 비로소 가능하다.

읍내로 나가
조합 빚 이자 물고
바위에 앉아
망망대해를 본다

반야용선을 타지 않으면
죽어서도 건널 수 없다는
윤회의 바다 검푸르다

새 날아간

바위에 앉아

파도에 금가는 심장 소리를 듣는다

배는 보이지 않는다

—「건넌다는 것」 부분

이 시는 시인이 지닌 사유의 깊이를 잘 보여 준다. 현실에서는 평범하고 사소한 것에 불과할 수 있는 행동인 '건넌다는 것' 도 그는 진지한 사유의 대상으로 삼는다. "읍내로 나가/ 조합 빚 이자 물고/ 바위에 앉아/ 망망대해를' 보며 '반야용선' 을 뇌리에 떠올리는 순간은 그러한 경험이 축적된 자에게만 찾아온다. 거기에 우리 삶의 가장 근본적인 문제가 담겨 있는 점은 그러한 맥락에서 해명될 수 있다.

반야용선은 해탈의 방법으로 극락세계에 가기 위해 타고 가는 용처럼 생긴 배를 가리킨다. 이 시의 말미에 부기된 것처럼, 그것은 輪廻苦를 벗어나게 하는 유일한 수단이다. 따라서 "반야용선을 타지 않으면/ 죽어서도 건널 수 없다는/ 윤회의 바다 검푸르다"는 시적 진술에 생성의 종교적 이미지가 담겨 있는 것은 자연스럽다.

뜨거운 팔월에 오십시오

홀로 오십시오

하현달 품에 안은 고운 여인이여
당신의 거울로 다가 오십시오
여기는 하가 연화못
내딛는 자욱마다 피었던 꽃송이들
툭툭 지는 소리에
눈물마저 말랐지만
깊은 눈으로 거울을 보십시오
저리도 눈부신 연꽃의 황홀

—「하가 연화못」 부분

빛과 생명의 상징으로 인식되었던 연꽃은 불교의 성립 이후에는 부처의 상징으로서 불교를 설명하기 위한 교리의 일부로서의 위치를 차지한다. 연꽃은 오랜 수행 끝에 번뇌의 바다에서 벗어나 깨달음에 이른 수행자의 모습에 비유되고, 빛의 상징이자 생명의 근원인 연꽃 하나하나에는 부처가 탄생한다는 무한 창조 관념이 형성된다.

연꽃에 대한 생성의 개념이 전제되지 않으면, 이 시의 의미는 제대로 성립될 수 없다. 이 시에서는, 연꽃이 지닌 상징적 의미, 즉 청정함·순수함·완전무결함 등이 거의 구현되지 않는다. 본래 이 시에서의 연꽃은 "저리도 눈부신 연꽃의 황홀"에서 보듯 아름다운 꽃이기는 하지만, 의미가 고정되어 있는 꽃이 아니었다. 그것은 석가모니가 인간을 연꽃으로 보았던 것과 관련된다. 연꽃은 이 시에서처럼 '와서 보는' (와서 많은 것을 느끼고 생각하는), 갖가지 방식으로 살아가는 중생의 꽃임에 틀림없다.

4. 마무리

1)역사나 환경이 시의 소재로 등장한 것은 아주 오래전부터이다. 그런데 그것이 특정한 역사(예를 들면, 4 · 3)나 환경(애월)으로 범위가 좁혀지면 우리로서는, 그것이 드러나는 방식에 관심을 가지지 않을 수 없게 된다. 많은 시인들이 동일한 소재를 사용하기 때문에, 시의 차이는 결국 소재가 드러나는 방식의 차이로 나타날 수밖에 없다. 그런데 시집 『구멍』의 경우, 역사는 환기의 대상으로, 환경은 인식의 대상으로 드러나는 경향이 우세하다.

2)시집 『구멍』은 생성 자체가 아닌, 생성에 이르는 종교적 이미지를 보여 준다. 시인이 궁극적으로 지향하는 바는 종교적 이미지 쪽이 아닌, 생성의 의미 쪽에 있다. 그러나 그 '생성의 의미 '는 철학적인 논의 대상이 되거나 우리를 종교적 善의 세계로 이끄는, 다분히 도식적이고 상투적인 의미와는 분명히 구별된다. 한마디로, 그 생성은 시적 사유와 아주 밀접하게 결부되는 그러한 생성이다.